# mi familia · my family

**George Ancona**

With Alma Flor Ada and F. Isabel Campoy

Children's Press® A Division of Scholastic Inc.

New York · Toronto · London · Auckland · Sydney · Mexico City · New Delhi · Hong Kong · Danbury, Connecticut

**To Alma Flor Ada**

My thanks to Alma Flor Ada, who introduced me to her friend,
Marta Carbonell, who graciously arranged for her wonderful family
to participate in this book. Of course, there was plenty of
*arroz con pollo*, music, and laughs.

Gracias,
G.A.

Library of Congress Cataloging-in-Publication Data

Ancona, George.
  Mi familia = My family / George Ancona.— 1st ed.
      p. cm. — (Somos latinos)
  ISBN 0-516-23687-3 (lib. bdg.)   0-516-25067-1 (pbk.)
  1. Cuban Americans—Florida—Miami—Biography—Juvenile literature.  2. Cuban
Americans—Florida—Miami—Social life and customs—Juvenile literature.  3. Miami
(Fla.)—Biography—Juvenile literature.  4. Miami (Fla.)—Social life and customs—
Juvenile literature.  I. Title: My family. II. Title.
  F319.M6A53 2004        975.9'381004687291—dc22        2004009339

Published in 2004 by Children's Press, an imprint of Scholastic Library Publishing.
Published simultaneously in Canada.
Printed in the United States of America.
1 2 3 4 5 6 7 8 9 10 R 13 12 11 10 09 08 07 06 05 04

Los abuelos de Camila salieron de Cuba con sus cuatro hijos. Primero fueron a Venezuela y luego a Miami. La madre de Camila era una de esos hijos. Todos los abuelos de Camila, sus tías, tíos y primos viven cerca y pasan mucho tiempo juntos.

Camila's grandparents left Cuba with their four children. They first went to Venezuela and then to Miami. Camila's mother was one of those children. All Camila's grandparents, aunts, uncles, and cousins live nearby and they spend lots of time together.

*George Ancona*

Yo soy Camila. Vivo en Miami con mi madre, Damaris, mi padre, Rigoberto y mi hermano, René. Mi madre vino de Cuba. Mi padre vino de Puerto Rico.

I am Camila. I live in Miami with my mother, Damaris, my father, Roberto, and my brother, René. My mother came from Cuba. My father came from Puerto Rico.

**M**i mamá y yo vamos juntas
a la escuela. Ella enseña español
en mi escuela. Cuando estamos en
casa, me gusta ayudarla a cocinar.

**M**y mother and I go to school
together. That's because she teaches
Spanish in my school. When we
are at home, I like to help her
cook dinner.

A veces, cuando mi abuela Marta viene a visitarnos, me disfrazo y hago teatro para ella. Hoy me está enseñando una canción. Dice así:

*En alta mar había un marinero*
*que la guitarra gustaba tocar.*
*Cuando se acordaba de su patria lejana,*
*tomaba la guitarra y poníase a cantar:*
*En alta mar, en alta mar, en alta mar.*
*[repetir]*

Sometimes when my Grandma Marta comes to visit, I dress up and put on a show for her. Today she is teaching me a song. It goes like this:

*There was once a sailor at sea*
*who liked to play the guitar.*
*When he remembered his far away land*
*he picked his guitar, and started to sing:*
*On the high sea, on the high sea, on the high sea. [repeat]*

René es mi hermanito.
Nuestros amigos y familiares
vienen a casa a celebrar su
cumpleaños. Jugamos, comemos y
le cantamos "Feliz cumpleaños."

René is my little brother.
Our friends and family come
to the house for his birthday.
We play games, eat, and sing
"Happy Birthday" to him.

Ésta es mi familia: abuela Marta y abuelo Rigoberto tuvieron cuatro hijos. Casi todos vinieron al cumpleaños de René.

Here is my family: Grandmother Marta and Grandfather Rigoberto had four children. Almost all of them came to René's birthday party.

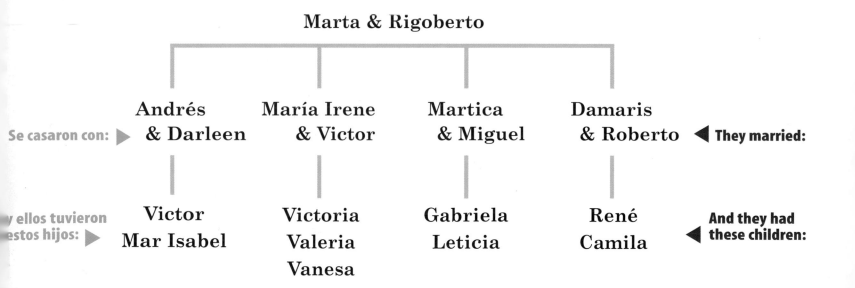

Marta & Rigoberto

Se casaron con: ▶ | And they married: ◀ They married:

| Andrés & Darleen | María Irene & Victor | Martica & Miguel | Damaris & Roberto |
|---|---|---|---|
| Victor Mar Isabel | Victoria Valeria Vanesa | Gabriela Leticia | René Camila |

Se casaron con: ▶

y ellos tuvieron estos hijos: ▶

They married: ◀

And they had these children: ◀

Abuela vino con tía María, Irene y Victoria. Tío Andrés vino con Victor y Mar Isabel. Tía Martica, tío Miguel, Gabriela y Leticia también vinieron. La casa se llenó enseguida.

Grandma came with Aunt María, Irene, and Victoria. Uncle Andrés came with Victor and Mar Isabel. Aunt Martica, Uncle Miguel, Gabriela, and Leticia came too. Soon the house was full.

Jugamos a varias cosas. Tía María e Irene nos enseñaron a jugar a la rayuela. La pequeña Leticia se puso una corona para bailar. Abuelo Rigoberto bailó con mi prima Mar Isabel.

We played many games. Aunt María Irene showed us how to play hopscotch. Little Leticia put on a crown to dance. Grandpa Rigoberto danced with cousin Mar Isabel.

Los domingos vamos a la iglesia con nuestra abuela. Me gusta ver a tío Andrés tocar el violín y dirigir el coro. Después de misa todos vamos a casa de tía Martica y tío Miguel. Después del almuerzo tocamos música y cantamos.

On Sundays we go to church with Grandma. I like to watch Uncle Andrés play the violin and lead the choir. After mass we all go to Aunt Martica and Uncle Miguel's house. After lunch we play music and sing.

Tío Miguel toca
el contrabajo.
Tío Andrés toca el
violín. Tía Darleen toca
el piano. Victor toca
el clarinete y Mar Isabel
la flauta.

Uncle Miguel plays
the double bass.
Uncle Andrés plays the
violin. Aunt Darleen plays
the piano. Victor plays
the clarinet and Mar Isabel
plays the flute.

El resto del día lo pasamos en el patio. Los mayores juegan dominó mientras tío Andrés cuenta historias divertidas. Gabriela y yo nos sentamos en el portal a pintar cuadros.

We spend the rest of the day in the backyard. The grown-ups play dominoes while Uncle Andrés tells funny stories. Gabriela and I sit on the porch and paint pictures.

Lo que más me gusta es cuando papi nos lleva a pescar. Mi anzuelo casi siempre se enreda en las rocas. ¡Qué ganas tengo de pescar mi primer pez!

What I like best is when Papi takes us fishing. Most of the time my hook gets stuck on a rock. I can't wait to catch my first fish.

## La historia de abuela Marta

Nací en Camagüey, Cuba, una hermosa ciudad colonial en el centro de la isla. Allí me casé, me hice maestra y allí también nacieron mis cuatro hijos. De Cuba fuimos a Venezuela. Siete años más tarde traje a los dos niños menores a los Estados Unidos. Los dos mayores se quedaron en Venezuela con su padre hasta acabar sus estudios universitarios. Ellos vinieron más tarde.

Mis hijos estudiaron música desde pequeños. Me alegra mucho ver que mis nietos también aman la música.

Todos mis hijos están casados. Yo trabajo, pero disfruto estando con mis nueve nietos. Cuando mis nietos me necesitan, yo estoy ahí para ayudarlos.

## Grandmother Marta's Story

I was born in Camagüey, Cuba, a beautiful colonial city in the center of the island. I got married there, became a teacher, and had my four children. From Cuba, we went to Venezuela. Seven years later I brought the two younger children to the United States. The two older ones remained in Venezuela with their father to complete their studies at the university. They all arrived later.

My children have studied music since childhood. I am very glad to see that my grandchildren love music too.

All my children are married. I work, but I enjoy sharing time with my nine grandchildren. When my grandchildren need me, I am there for them.

United States of America

ATLANTIC OCEAN

Spain

Mexico

Miami

Cuba

Haiti

San Juan,
Puerto Rico

Belize
Honduras

Dominican Republic

Africa

Guatemala

CARIBBEAN SEA

El Salvador

Nicaragua

Costa Rica
Panama

Venezuela

Columbia

Ecuador

PACIFIC OCEAN

Brazil

Peru

Bolivia

Paraguay

Chile

Argentina

Uruguay

Cuba es la isla más grande
de las Antillas. Está a noventa
millas de la costa de Florida.
Colón llegó a Cuba en 1492
y la primera colonia se
construyó en 1511.

Cuba is the largest island of
the West Indies. It lies ninety
miles off the coast of Florida.
Columbus discovered Cuba in
1492, and the first colony was
built in 1511.

Los países de habla hispana
Spanish-speaking countries

El viaje de la familia
The Family's Journey

27

## Palabras en inglés = Words in English

abuela/o = grandma/grandpa

baño = bathroom

clarinete = clarinet

cocina = kitchen

comedor = dining room

concierto = concert

contrabajo = double bass

coro = choir

flauta = flute

guitarra = guitar

hermano/a = brother/sister

jardín = garden

## Palabras en inglés = Words in English

| | | |
|---|---|---|
| **madre/mamá** | = | mother/mom |
| **ópera** | = | opera |
| **padre/papá** | = | father/dad |
| **patio** | = | yard |
| **piano** | = | piano |
| **portal** | = | porch |
| **primo/a** | = | cousin |
| **sinfonía** | = | symphony |
| **tambor** | = | drum |
| **tío/tía** | = | uncle/aunt |
| **violín** | = | violin |
| **zarzuela** | = | musical comedy |

# Música hispánica

La música es una parte muy importante de la vida hispana. La música está presente en todas las ocasiones en que la familia se reúne para celebrar algo, o en fechas importantes del año, como La Navidad o la Pascua.

La música clásica hispana es famosa porque compositores como Manuel de Falla y el Maestro Rodrigo son conocidos internacionalmente. Los cantantes Plácido Domingo y José Carreras son dos de los mejores cantantes de ópera del mundo.

Hay un tipo de ópera que sólo existe en español. Se llama zarzuela y cuenta la historia de personajes que se ven en las plazas, en los barrios o en las fiestas populares de España. Las zarzuelas son como teatro cantado y son muy divertidas.

Una gran compositor cubano es Ernesto Lecuona. La bailarina Alicia Alonso ha sido una de las mejores prima bailarinas de todos los tiempos.

# Hispanic Music

Music is an important part of life for many Hispanic people. Music is often part of occasions when families get together to celebrate an event, or for important holidays throughout the year, such as Christmas and Easter.

Classical Spanish music is famous because composers such as Manuel de Falla and Maestro Rodrigo are internationally known. The singers Plácido Domingo and José Carreras are two of the best opera singers in the world.

There is a special type of opera that only exists in Spanish. It is called *zarzuela*, and tells the story of characters that can be seen in the plazas, in the barrios, or in popular fiestas in Spain. *Zarzuelas* are like musical comedies and are very entertaining.

A great Cuban composer is Ernesto Lecuona. The ballerina Alicia Alonso has been one of the best prima ballerinas of all times.

## Sobre el autor

A George Ancona le gustan los niños. En su libro de anuario de la escuela secundaria dijo que su deseo en la vida era tener seis hijos y ser un gran artista. Él consiguió su primer deseo y está por conseguir el segundo. El viaja para fotografiar libros para niños y para visitar a sus hijos y nietos.

## About the Author

George Ancona likes kids. In his high school yearbook he said that his life's ambition was to have six children and to be a great artist. He got his first wish and is working on his second. He travels to photograph children's books and to spend time with his own children and grandchildren.

## Sobre Alma Flor Ada y F. Isabel Campoy

Alma Flor Ada es de Camagüey, Cuba. Su abuela Lola le enseñó a amar la música desde que tenía dos años. La mamá de Isabel Campoy es una excelente cantante de zarzuelas y se sabe de memoria las letras de muchas zarzuelas. Alma Flor e Isabel escriben poesía, obras de teatro y cuentos para niños.

## About Alma Flor Ada and F. Isabel Campoy

Alma Flor Ada is from Camagüey, Cuba. Her grandmother Lola taught her to love music when she was two years old. Isabel Campoy's mother is an excellent singer of *zarzuelas*, and knows by heart the lyrics of many *zarzuelas*. Alma Flor and Isabel write poetry, plays, and stories for children.